LOS VERSOS DE CORDELIA

110

Como la Vida

Primera edición en LOS VERSOS DE CORDELIA, abril de 2026

Edita: Reino de Cordelia
www.reinodecordelia.es
[X] [IG] @reinodecordelia [f] facebook.com/reinodecordelia
[YT] www.youtube.com/c/ReinodeCordelia01

Derechos exclusivos de esta edición en lengua española
© Reino de Cordelia, S.L.
C/Agustín de Betancourt, 25 - 6º pta. 13
28003 Madrid

El papel utilizado para la impresión de este libro, fabricado a partir de madera procedente de bosques y plantaciones sostenibles, es cien por cien libre de cloro y está calificado como papel reciclable

© Alicia Mariño Espuelas, 2026

Del prólogo: © José Luis Garci, 2026
Del epílogo: © Antonio Lafarque, 2026

Ilustración de cubierta: © Miguel Ángel Martín, 2026

IBIC: DCF | Themas: DCF
ISBN: 979-13-87599-15-7
Depósito legal: M-7881-2026

Diseño y maquetación: Jesús Egido
Corrección de pruebas: Pepa Rebollo

Imprime: Técnica Digital Press
Impreso en la Unión Europea
Printed in E. U.

Como la Vida

Alicia Mariño Espuelas

Prólogo de José Luis Garci
Epílogo de Antonio Lafarque

Índice

Prólogo para
Alicia que compone
haikus geniales

por José Luis Garci

Pongamos que hablo de Japón. Pongamos que hablo de haikus. Pongamos que hablo de Alicia Mariño, y pongamos que fue allá, tras el sol naciente, donde nacieron esas *soleás* envasadas al vacío que conocemos como haikus, y que tanto y tan bien han inspirado a los poetas del lejano Oriente.

La fórmula del soneto, como es bien sabido, consiste en dos cuartetos y dos tercetos, 4-4-2-2, que tanto suena a sistema futbolero de Mouriño. Los haikus, en cambio, se componen con distinta táctica, 5-7-5, que recuerda más al prefijo de Zamora o Alsasua. Confieso que no soy ningún experto en haikus —ni en sonetos—, pero os juro por Kinugasa, el de aquella maravilla *La puerta del infierno*, ¿os acordáis?, que se llevó la Palma de oro de Cannes y un par de Oscars; os prometo, decía, que tras leer los cien haikus que ha escrito mi amiga Alicia, como si fuera un ramo de flores entrelazadas, me he sentido lleno de sensaciones que tenía olvidadas desde hacía muchos años.

Alicia insiste, casi desde que nos conocimos, poco antes de su boda con Luis Alberto —fui uno de los pocos invitados de la pareja a tomar una copa en el Casino de Madrid después de la ceremonia, tan recogida como la catedral de León—; Alicia, sigo, asegura que fuimos «compis» de COU o de PREU. *Ce n'est pas possible.* Yo estudié Preuniversitario el curso 1959-60, en el Instituto Cervantes de Madrid. Concretamente, Letras: «Cervantes y el Quijote», en Literatura (la asignatura nos la dio el inolvidable Alberto Sánchez); *La guerra de las Galias*, de Julio César, en latín, a cargo de Eugenio Hernández Vista, y en griego el *Fedón*, de Platón, a cargo de Lasso de la Vega. Todo esto sucedía cuando llegó Eisenhower a España y yo veía con misticismo del bueno, una y otra vez, *Con la muerte en los talones* en el cine Carlos III.

Y en aquel remoto entonces, mi querida Alicia todavía andaba jugando a las casitas en su Cáceres natal, o ni eso, porque hasta dudo que hubiera nacido. Pero lo cierto es que con eso de ser «compis», como ella dice, «me siento rejuvenecer», pasando a Hawks. Y vamos a los haikus.

Lo primero que quiero afirmar es que Alicia Mariño no escribe haikus, sino que nos regala pequeños, y grandes, momentos de su vida, retazos de sus días de vino y rosas, de cuando el esplendor en la yerba y aquel destello de los días del pasado, y, claro, también de los días sin huella, que son esos que nunca olvidas. En fin, haikus, sí, pero más todavía un breve y emocionante libro de memorias.

Por ejemplo, ahí está el 5-7-5 que dedica a Luis Alberto:

Bendita pena.
Lo de quererte siempre
es mi condena.

O este otro que aún me gusta más:

Aquella casa
de sueños y juguetes
desvanecidos.

Los haikus atesoran muchas veces el «son», el «duende», de la soleá. Apenas hay diferencia entre el apunte de Alicia,

Cierra el postigo.
Que no me oiga la luna
llorar bajito.

y aquel otro, todo un tratado sobre los celos que ya quisiera Freud:

La noche del aguacero
¿dónde te metiste
que no te mojaste el pelo?

(No sé quién es su autor, quizá sea anónimo, aunque me suena a un Manuel, Machado o Alcántara.)

Si un prólogo sirve para algo, me parece que tiene que ser para transmitir la alegría y la alquimia que hemos recibido del creador, en este caso creadora, y por cierto, una experta en Lovecraft y en literatura gótica, muchos cursos por delante de esos intelectuales progres que ahora ponen los ojos en blanco discurseando sobre *El Castillo de Otranto*.

Adentrarse en *Como la vida*, exactamente cien haikus, es como paladear a solas un buen sake, tibio, igual de tibio que el penúltimo beso de madrugada, mientras te dices que ese sabor va a permanecer por igual en tus labios y en tu memoria toda la vida.

Hace más de veinte años (Gil de Biedma), estuve en Japón, en Tokyo, Yokohama, Hiroshima y por ahí. Unos artistas japoneses que me presentaron en la Embajada Española —preciosa, como sacada de un relato de Somerset Maugham—, una arquitecta y dos escritores, los tres adoradores del culto al haiku, me hablaron de la importancia literaria del bebedizo, desde luego, pero sobre todo de su magia, de su poder curativo, de su facultad para amortiguar el mal de amores. Incluso me aseguraron que algunos textos del Shakespeare enamorado no eran sino un único, continuado y gigantesco haiku. Tal cual.

Me atrevo a decir que, leyendo el libro de mi querida amiga, sentí que algo, o alguien, me había transportado a un ambiente sereno, distinguido, como aquellos de la primera juventud, envuelto en una atmósfera llena de armonía y añoranza a partes iguales. Como si estuviera en un templo de Kioto, y, de pronto, se pusiera a llover suavemente, como en los cuentos de la luna pálida de agosto. Un poco también la lluvia última del monzón es el blanco y negro de Satyajit Ray.

Así que, amiga, gracias por obsequiarme, por obsequiarnos, con la delicadeza de una geisha, esos relámpagos de lo más oculto de tu alma envueltos en la receta 5-7-5.

«Alis», cariño, a lo largo de mi no corta vida, jamás se me había pasado por la cabeza la idea de redactar un haiku. Pues toma nota. Para que veas lo que me ha impactado tu libro, voy a teclear, una y no más, Santo Tomás, un haiku nacido en mi cinefilia incurable:

> Me gustan Ozu,
> Akira Kurosawa
> y Mizoguchi.

De verdad, muchas felicidades, «compi».

J. L. GARCI

美刃勇命龍夢氣火友芸運壽

Como la vida,
que nos premia y castiga
con risa y llanto.

A. M. E.

para Luis Alberto, porque

Bendita pena.
Lo de quererte siempre
es mi condena.

SENTIRES Y NOSTALGIAS

Lluvia que sacias
la sed del universo,
cúrame el alma.

Mi corazón,
perdido entre las brumas
de tu recuerdo.

Espejos rotos
en más de mil pedazos:
falsas verdades.

Con tu ilusión
recreas mundos mágicos:
flores sin flor.

Todo se olvida.
La vida es un misterio.
Todo regresa.

Sembrar rosales
sobre los cardos secos
y sonreír.

Lluvia de verano

Tierra mojada.
La nostalgia se vuelve
pura tristeza.

Felicidad

Duró un instante:
lo que dura la luz
en un relámpago.

Veo en tus ojos
el principio y el fin.
La eternidad.

Aquella casa
de sueños y juguetes
desvanecidos.

La habitación de las columnas

Solo era un juego
la vida entre columnas.
Cuentos de infancia.

Dos niños juegan:
la infancia y la vejez
se dan la mano.

Tus zapatitos
parecen mariposas
en el abismo.

Surge la vida
como surge la muerte:
sin hacer ruido.

No tiene nada
mi choza en primavera.
Lo tiene todo.

Un mismo baile
de alegría y tristeza
en ritmo eterno.

Escucho el saxo
y mis manos se llenan
de astros azules.

Cuánto dolor
para un pequeño cuerpo
sin esperanza.

Un colibrí
soñó la primavera
de nuestros sueños.

Noviembre

Pasará el gris
y volverá el azul
de aquel verano.

Abrir los ojos,
mirar de frente al miedo.
Instante único.

Todo sucede
como dictan los dioses:
amor y muerte.

La soledad
destruyendo los pétalos
de las camelias.

La soledad
de un cielo sin estrellas
viaja conmigo.

Brindando con Andrey

Sentir la música
en la melancolía
de una mirada.

Cierra el postigo.
Que no me oiga la luna
llorar bajito.

Sigo tus pasos
y no logro salir
del laberinto.

Días oscuros.
Qué largo es el invierno
del corazón.

Un llanto negro,
cuando la noche cae,
lava mis penas.

Voy despacito,
preparando mi viaje
rumbo al olvido.

NOCHES

Busco en la noche,
luna, lunita blanca,
mis emociones.

El desamparo
me acecha cada noche
con un abrazo.

Noche del alma,
tú riges los designios
de mi tristeza.

Cae la noche.
El planeta envejece
un día más.

Aquella noche,
flor de luna en tus labios,
hoy ya marchitos.

Noche estrellada.
Millones de luciérnagas
surcan el cielo.

En una noche
la playa y las luciérnagas
paran el tiempo.

Aquella noche
bailaron las luciérnagas
sobre el silencio.

Amanecer

Un rosa intenso,
un fuerte resplandor.
Muere la noche.

Anochecer

El cielo sangra.
Se desvanece el día.
Noche infinita.

Noches de luz.
En mi lejana infancia
cantan los grillos.

La dulce noche
apaga mi dolor
y enciende estrellas.

Ausencias

a Pepe y Alicia, mis padres, *in memoriam*

Mis muertos

Os llamo siempre
en la roca del mar
de mis secretos.

Te has ido lejos:
al azul infinito
de nuestros sueños.

Entre estas nubes
te sueño y te imagino
de blanco eterno.

La maladie de l'oubli

No es nada fácil
sentir cómo te alejas
de mi existencia.

Mamá

Tú sonreías,
hablando de mil cosas.
Días felices.

Miro tus fotos.
Recuerdo tus recuerdos
sin tu memoria.

En la cocina,
perdida la memoria,
hoy me sonríes.

Miro tus ojos,
tu rostro sin memoria.
Queda tu azul.

En tu mirada
la música del mar
suena en silencio.

Alzheimer

Veo en tus ojos
la distancia infinita
de tu memoria.

No me recuerdas.
Llueve en mi corazón:
no hay primavera.

Papá

Tú me dijiste:
estoy solo en el mundo,
sin equipaje.

Fuiste a la sombra
de la luz de la luna
y no te encuentro.

Mis padres

Os fuisteis lejos.
Mi corazón os busca,
roto, en el cielo.

Todas las noches
os busco en las estrellas
y no hay consuelo.

Las flores blancas
en la casa vacía
hieren mi alma.

José Miguel Mariño

Te fuiste lejos,
a un mar y unas estrellas
que yo no encuentro.

Sigo buscándote
en este mar de azul
y de infinito.

Pepe Alcalá-Zamora

Campo de anémonas
aquel día feliz.
Nostalgia eterna.

Siempre tenaz,
dueño de tu destino
aquí y allá.

Alzaste el vuelo
a lugares perdidos
tras el espejo.

Surge en el cielo
tu estela evaporada.
Corazón roto.

Ante la tumba de Fernando Sánchez Dragó

Ir como tú,
Dragut, mi gran pirata,
hacia la Luz.

Velas al viento.
Dragut, mi gran pirata,
surca los cielos.

Despedida de Paco Arellano

Como la muerte:
un suspiro, un olvido,
un gran dolor.

Manolo Lara Cantizani

Amigo mío,
de haikus y palabras
y de sonrisas.

HOMENAJES

Jose y Andrea

Del negro al rosa
en Cocktelini Manor:
resurrección.

Alejandro

Amigo mío,
de luz y de bondades
en mi camino.

Mis alas rotas
se curan al calor
de tus poemas.

Con Ale en su *Pagani*

Velocidad,
vértigo y armonía.
Estado místico.

Can Aleggria

Emborracharme
de mar, de sol y olvido
y renacer.

Mi amigo Fede

Por estas aguas
navegan tu mirada
y mi nostalgia.

Santi Espuelas

Murió el galápago.
Se disolvió el amor
que prometí.

Susana Koska

Susana, amiga,
el hilo de tus ojos
teje mis días.

Son las puntadas
que engarzan tu cariño
perlas de amor.

Nazareno Andorno

Suena tu música
y se abren las puertas
del paraíso.

Homenaje a Baudelaire

El infinito
entre mi pensamiento
y tu mirada.

Maupassant y el jardín del Horla

Solo una rosa
suspendida en el aire:
la mancha roja.

Corto una rosa.
De repente en el sueño
se desvanece.

Solo una rosa
perdiéndose en el aire.
La soledad.

Don de la ebriedad

Del cielo siempre
viene la claridad.
Tú eres el cielo.

Homenaje a Gamoneda

Solo una flor.
Es la última rosa
frente el abismo.

Penélope

La luna riela
sobre el andén vacío.
Sigo esperándote.

Juego de tronos

La soledad,
en esta noche oscura
de hielo y fuego.

Con Rafael Pérez Foncea

Echo de menos
lo que nunca ocurrió.
Y me lamento.

A Lorenzo Saval

Me haces soñar
que el azul de los cielos
siempre es el mar.

Antonio Lafarque

Siempre en Antonio
el arte y la sonrisa
son azucenas.

La niña de Plensa

Niña de blanco,
que miras con ternura
mi desamparo.

Belleza en blanco,
como una flor de almendro
que acuna el aire.

Haikus de Nueva York

Muerden el aire
con olvido y memoria
los rascacielos.

Siempre te sueño
en el Puente de Brooklyn
bajo otros cielos.

En Nueva York,
soñando que soñaba
con tu sonrisa.

La hamaquera del Algarve

Siempre en silencio.
Yo la imagino triste
en su jardín.

La concejala ardiente

Con alas negras
volaron tus agravios
y tus mentiras.

Y fue el Amor
quien destruyó el Pilar
de la traición.

Homenaje a Borges

Es el amor.
Tendremos que escondernos
o sucumbir.

El tiempo de mi padre

Siempre leyendo:
tus ojos guardan letras
de historia y tiempo.

Academia

Los impostores
rechazan a los héroes
de la poesía.

Amor y desamor

Tú me besaste
y las flores brotaron
en mi jardín.

Noche feliz
en la pasión azul
de nuestro olvido.

Dulce amor mío,
no puedes consolarme
del desvarío.

Fuiste mi amigo.
Hoy te refugias lejos,
en el olvido.

Dolor fatal
sin cura ni sosiego
lejos de ti.

Queda el silencio
y aquellas flores nuestras
de amor y fuego.

Dos pajarillos
bajo las nubes grises:
amor perdido.

Parece un grito
el viento en la ventana
de nuestro amor.

Oscureció.
He perdido la luz
de tu jardín.

Me has olvidado,
no recuerdas mi nombre.
Ya no hay geranios.

Eras mi estrella,
hoy rota en mil pedazos
de oscuridad.

Vino del norte
el viento que asoló
mis azucenas.

Eras la luz
y el inocente cielo
de mis mañanas.

Busco tus ojos
en la neblina absurda
de tus palabras.

Tus madrugadas
traían los nenúfares
a mi desierto.

Voy olvidándote
en el ácido aroma
de tus maldades.

Un viaje juntos
al lugar del olvido:
un cuento cruel.

Traición

Veo en tus ojos
un lago que refleja
cardos y ortigas.

Como claveles
prendidos en mi pelo
llevo tus besos.

Copa de amor

Dulce amargura.
El sabor de tus labios
en esta copa.

Desde tu boca
una dulce cereza
besa mis labios.

Tus labios rojos:
una cereza dulce
de amor y odio.

Rojo cereza.
La cereza en tus labios.
Rojo pasión.

Perdí las llaves.
Perdí tu corazón.
Estoy perdida.

La vida pasa.
Contigo cuidaré
las peonías.

Se ha roto el tiempo.
Recogeremos juntos
todas sus perlas.

Recuerdo

Tiempo en el aire.
Nuestra fotografía.
Aire de amor.

Si no me quieres
se nubla el horizonte
de mi paisaje.

Una amapola
marchita entre mis manos.
Como tus besos.

Aquel geranio
resiste la sequía
del corazón.

Siempre contigo,
donde el mar de mis sueños
se hace infinito.

ORACIÓN FINAL

Ave, María,
que traes el mar inmenso
a mis pupilas.

Ave, María,
gratia plena de azul
melancolía.

Santa María,
Dama Blanca del bosque,
dame tu Luz.

Alicia en el País del Sol Naciente

por Antonio Lafarque

Con la colección *Aire del tiempo* (Reino de Cordelia, 2013) debutó Alicia Mariño Espuelas en la literatura de creación, a la que había acariciado al traducir, junto a Naoko Kuzuno, *Tatuaje* (Rey Lear, 2011), un clásico de la literatura erótica oriental firmado por Junichiro Tanizaki. En el prólogo de esta última obra escribía, a propósito de su primera visita a Tokio: «Oriente y Occidente formaban un universo único e irrepetible, ordenado y enloquecedor al mismo tiempo, sobre todo cuando las luces de neón de todo tipo de anuncios publicitarios iluminaban la noche de la capital nipona», lo que inevitablemente nos recuerda las deslumbrantes impresiones que recibieron los primeros escritores en lengua española cuando pasearon por Nueva York durante el primer tercio del siglo XX, caso de Rubén Darío, Juan Ramón Jiménez, Julio Camba, Moreno Villa y García Lorca. Aquella fusión cosmopolita que detalla la autora brillaba de manera personal en *Aire del tiempo* y luce ahora renovada en los haikus de *Como la vida*, segunda estancia literaria de Alicia Mariño en el País del Sol Naciente.

Debido al desconocimiento de la cultura y las tradiciones niponas en Europa hasta hace bien poco Japón aparecía en nuestro imaginario como el País de las Maravillas —la mítica Cipango, nombre que le dio Marco Polo en 1298—, y en la actualidad sigue siendo un territorio seductor por exótico y misterioso, a pesar de los más de cuatrocientos años transcurridos desde el 21 de octubre de 1614 cuando una embajada japonesa, tras atravesar el Atlántico, remontó el Guadalquivir y desembarcó en Coria del Río (Sevilla) con la finalidad de establecer relaciones entre España y Japón. A tan histórica misión se la conoce con el denominativo de Embajada Keichō, en honor a la era japonesa homónima (1596-1615).

En 1905, casi tres siglos después de la Embajada Keichō, el haiku atravesó la frontera francesa y luego tardó bien poco en traspasar los Pirineos para instalarse en España. Autores como Sōkan (1465-1553), Moritake (1473-1549) y Bashō (1644-1694) formaron parte del elenco de referencias cultas de Valle-Inclán, Díez-Canedo y Antonio Machado, por ejemplo, aunque sin respetar la disposición métrica ortodoxa. Se hace imprescindible siquiera mencionar al *tennō* del haiku en castellano: José Juan Tablada. El poeta mexicano fue faro y modelo para los restantes autores que se acercaron a probar el sabor de la singular estrofa. Con los años, el haiku fue frecuentado por infinidad de poetas hasta que recientemente su práctica se transformó en un carnaval algo grotesco.

Es muy aceptada la opinión de que la composición debe la gloria a su brevedad y su sofisticada procedencia, dos factores más relacionados con el maquillaje que con su sentido último: fluir en la descripción de un instante para generar una imagen en la mente del lector. Sin esta cualidad el haiku puede alcanzar a lo sumo cierta belleza formal oscurecida por la ausencia de vida, como una perla fuera de su concha, o la lámina de agua de un río, cuyo brillo opaca la vida que bulle en el fondo. O, mejor aún, como la bandera japonesa: el blanco se manifiesta más revelador que el protagonismo del rojo sol central.

De todo esto sabe, y mucho, Alicia Mariño. En los haikus de *Como la vida* reconocemos una mano occidental capaz de practicar con destreza artes habituales niponas, como el ikebana y el *shodō*:

Solo una rosa   Mis alas rotas
suspendida en el aire: se curan al calor
la mancha roja.   de tus poemas.

Pero Alicia Mariño, experta en japonerías varias, conoce a la perfección que la estrofa ha evolucionado temáticamente en su Japón natal. Y lo viene haciendo desde su dorada época clásica. Caracterizado por la abrumadora presencia de la naturaleza como objeto descriptivo, el sentimiento de transitoriedad de las cosas y la renuncia a los artificios gramaticales, el haiku ha roto tópicos y se ha transformado es un género receptivo a cuanto le rodea y al poeta mismo. Hoy el compositor de haikus bebe en la fuente del yo con idéntica fruición que los poetas europeos y americanos, y se mira corazón adentro:

Espejos rotos
en más de mil pedazos:
falsas verdades.

Abrir los ojos,
mirar de frente al miedo.
Instante único.

Así, los haikus nos parecen diferentes, sin serlo. Alicia Mariño no es ajena a ello:

Lluvia que sacias
la sed del universo,
cúrame el alma.

Dos niños juegan:
la infancia y la vejez
se dan la mano.

Visualmente un haiku siempre me ha recordado una partitura. Y *Como la vida* no es la excepción. Además de los textos de temática musical, las gradaciones de intensidad lírica refuerzan esta sensación. En el libro conviven en armonía poemas contemplativos y poemas introspectivos, melancólicos y gozosos, amorosos y de desengaño, de vida y muerte, a pesar de lo cual la autora no pierde el pulso compositivo desde la pieza de apertura a modo de epígrafe hasta la «Oración final».

Alicia Mariño Espuelas sigue las huellas de las mujeres que abrieron camino en el haiku, entre las que destaca la monja budista del siglo XVIII Chiyo-in. En *Como la vida* demuestra conocimiento y sabiduría. Lo propio de una verdadera *haijin*.

A. LAFARQUE

Esta primera edición
en LOS VERSOS DE CORDELIA de
COMO LA VIDA
se acabó de imprimir
en la primavera de 2026

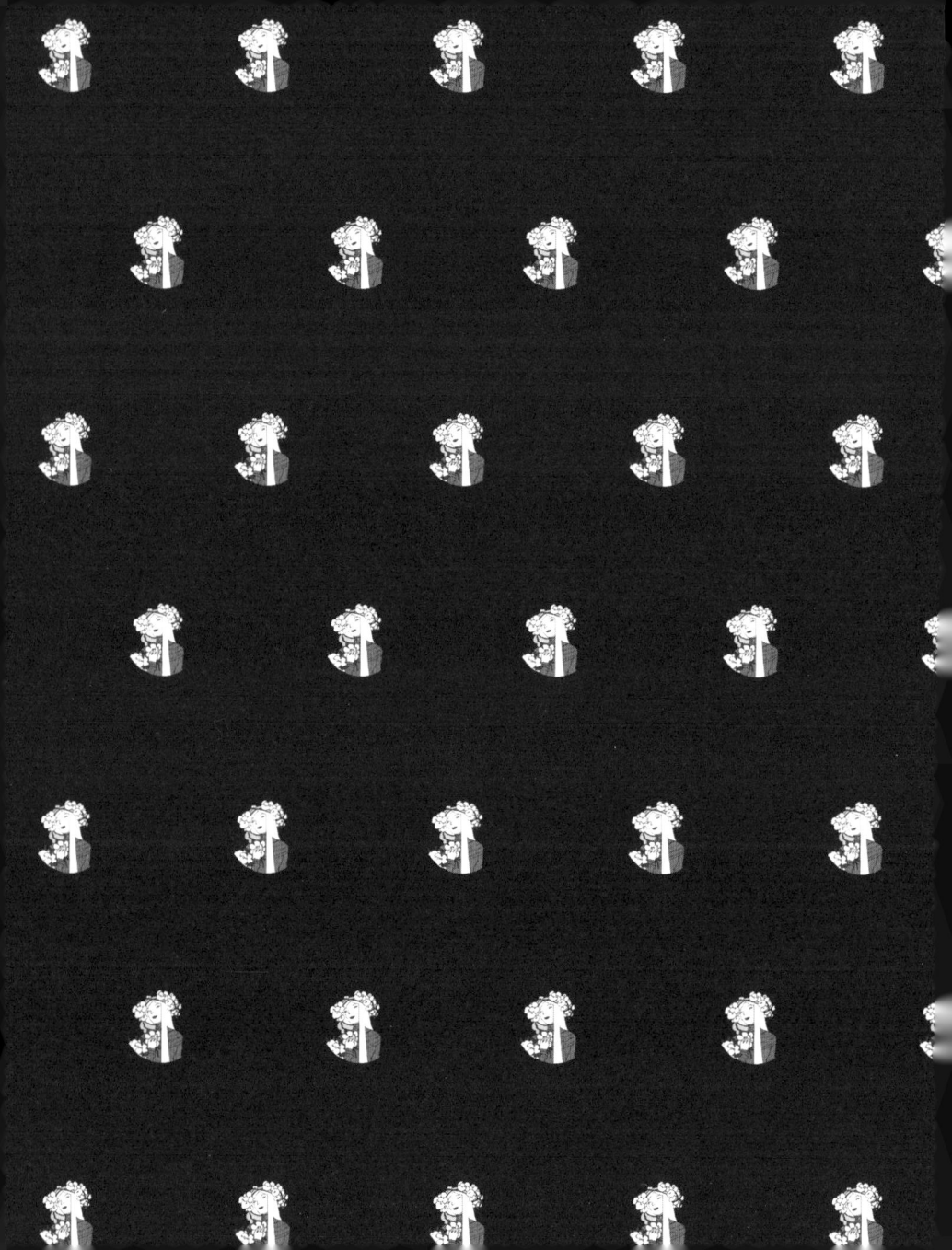